OS NÚMEROS ESTÃO POR TODA A PARTE! EM PLACAS, TELEFONES, RELÓGIOS E MUITOS OUTROS LUGARES!

ELES TAMBÉM APARECEM EM BRINQUEDOS E BRINCADEIRAS.

VAMOS CONHECER ALGUMAS DELAS?

AMARELINHA

COMPLETE OS NÚMEROS QUE FALTAM NA AMARELINHA.

PARA BRINCAR NA AMARELINHA, TEMOS QUE JOGAR A PEDRINHA.

CUBRA E COPIE OS NÚMEROS ABAIXO.

0 0 0 0 0 0 0 0 0 0 0 0

1 1 1

DESENHE 1 PEDRINHA.

2 2 2

DESENHE 2 PEDRINHAS.

3 3 3

DESENHE 3 PEDRINHAS.

4 4 4

DESENHE 4 PEDRINHAS.

5   5   5

DESENHE 5 PEDRINHAS.

6   6   6

DESENHE 6 PEDRINHAS.

7   7   7

DESENHE 7 PEDRINHAS.

8   8   8

DESENHE 8 PEDRINHAS.

9   9   9

DESENHE 9 PEDRINHAS.

BOLICHE

ESCREVA NOS PINOS OS NÚMEROS DE 11 A 20.

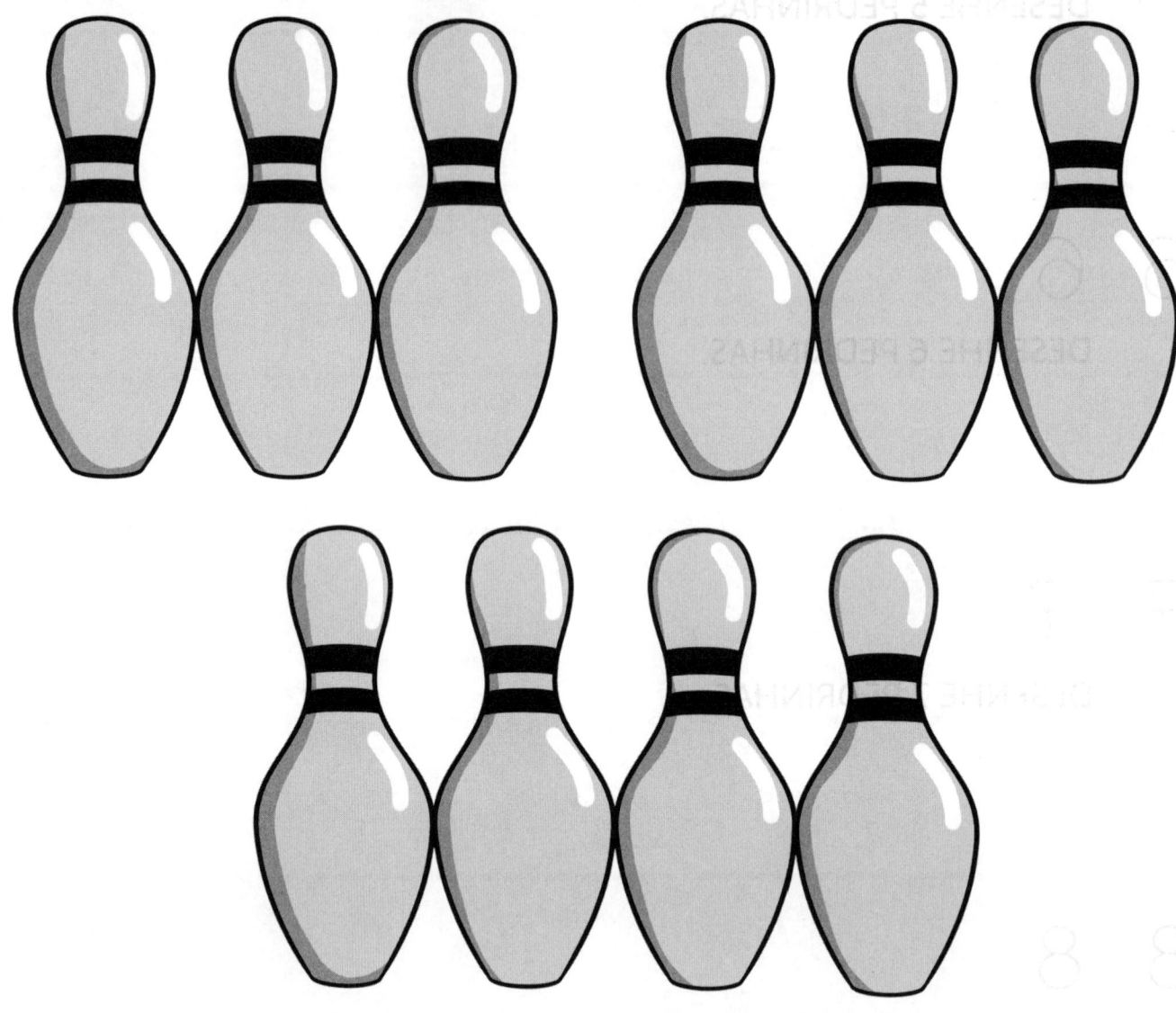

PARA JOGAR BOLICHE, TEMOS QUE LANÇAR A BOLA.

CUBRA E COPIE OS NÚMEROS ABAIXO.

11   11   11

DESENHE 11 BOLAS.

12 12 12

DESENHE 12 BOLAS.

13 13 13

DESENHE 13 BOLAS.

14 14 14

DESENHE 14 BOLAS.

15 15 15

DESENHE 15 BOLAS.

16 16 16

DESENHE 16 BOLAS.

17 17 17

DESENHE 17 BOLAS.

18 18 18

DESENHE 18 BOLAS.

19 19 19

DESENHE 19 BOLAS.

20 20 20

DESENHE 20 BOLAS.

ESCONDE-ESCONDE

CONTE DE 10 EM 10 PARA SE ESCONDER! DEPOIS, COPIE OS NÚMEROS.

10   10   10

20   20   20

30   30   30

40   40   40

50   50   50

60   60   60

70   70   70

80   80   80

90   90   90

100   100   100

BINGO

CUBRA OS NÚMEROS NA CARTELA. DEPOIS, COPIE-OS POR EXTENSO.

DEZENOVE

VINTE E OITO

QUARENTA E DOIS

VINTE E QUATRO

CINQUENTA E UM

TRINTA E TRÊS